Michaela Schmälzle (Texte)
Martin Ritter (Fotos)

Festspiel- und Universitätsstadt

BAYREUTH

Wartberg Verlag

Über Bayreuth sind im Wartberg Verlag erhältlich:

Geheimnisvolles Bayreuth

Bayreuth – Bewegte Zeiten – Die 50er Jahre

Bayreuth – April 1945 – Kriegs-Festspiele,
Luftangriffe und der Alltag in Ruinen

Festspiel- und Universitätsstadt Bayreuth – Farbbildband

Titelfotos:
Canale Grande (links), Wolfgang Wagner mit Frau und Tochter (re. o.),
Festspielhaus (re. Mitte), Wagner-Büste im Festspielpark (re. u.)

Fotonachweis:
Einige Bilder erscheinen mit freundlicher Genehmigung des
Nordbayerischen Kuriers – dafür bedanken wir uns herzlich.

Übersetzungen von Annie Carroy-Schwarz (franz.) und Wolfgang Wollek (engl.)

1. Auflage 2006

Druck: Bernecker, Melsungen
Buchbinderische Verarbeitung: Büge, Celle

34281 Gudensberg-Gleichen • Im Wiesental 1
Tel. 0 56 03/9 30 50 • www.wartberg-verlag.de
ISBN-10: 3-8313-1621-X • ISBN 13: 978-3-8313-1621-2

Vorwort

Bayreuth und Bayern – beide verbindet eine wechselvolle Geschichte. Bayerische Siedler rodeten einst das frühere Sumpfgebiet und gründeten „Baierrute“. Später haben preußisches Handeln und Tun die Stadt und ihre Entwicklung nachhaltig geprägt. Allen voran war es Markgräfin Wilhelmine, die Lieblingsschwester des berühmten preußischen Soldaten-Königs Friedrich des Großen, die Bayreuth zu dem machte, was es heute ist: eine Stadt mit Kultur und herausragenden Baudenkmälern, die sich ihre Atmosphäre und ihre Beschaulichkeit über die Jahrhunderte hinweg bewahren konnte.

Bayreuths Ausstrahlung kann und mag man sich nicht entziehen. Eine Ausstrahlung, der schon Richard Wagner – lange vor dem Bau seines Festspielhauses - nicht widerstehen konnte. „Ich wünschte, der König gäbe mir einen Pavillon des Bayreuther Schlosses zum Ruhesitz“, rief der junge Wagner beim Anblick der Stadt aus. Zur Ruhe setzte er sich in Bayreuth nicht. Mit dem Festspielhaus wurde hier ein einzigartiger Rahmen für sein großartiges Werk geschaffen. Seit 1876 ist Bayreuth Festspielstadt und als diese ist sie in der ganzen Welt bekannt. Doch hat Bayreuth auch einen internationalen Ruf als Stadt der Forschung, man kennt ihre Unternehmen und erfolgreichen Vereine.

Bayreuth ist vielfältig – nicht mit urbayerischer, vielmehr mit ganz eigener Identität.

Wie die Bayern nach Oberfranken kamen und weshalb – diese Fragen hat die Forschung rund um die Geschichte Bayreuths noch nicht beantwortet. Jedoch besagt der ursprüngliche Name der heutigen Stadt, „Baierrute", dass es bayerische Siedler im Gefolge der Grafen von Andechs waren, die sich anschickten, den ansässigen Sumpf zu roden und ein Dorf zu gründen. Auf eine frühere Besiedlung der Region weist die Nennung der später eingemeindeten Ortschaft Seulbitz (salisches Königsgut Silewize) in einer Urkunde von Kaiser Konrad II. hin, die aus dem Jahr 1035 stammt.

kurze Ges

1194 Es ist ein Schriftstück von Bischof Otto II., das erstmals offiziell die Existenz von Bayreuth erwähnt. Damals allerdings wird Bayreuth noch als Dorf geführt.

1231 Aus dem Dorf wird eine Stadt „civitas" mit allen Rechten, die noch in den Besitz der Herzöge von Andechs-Meranien gehört.

1260 Die Burggrafen von Nürnberg aus dem Geschlecht der Hohenzollern werden nach dem Aussterben der Herzöge von Andechs die neuen Herrscher über Bayreuth. Somit beginnt die Prägung der Geschichte Bayreuths durch die Markgrafen von Brandenburg-Culmbach, die die Geschicke der Stadt über 500 Jahre lang lenken.
Allerdings wird zunächst die Plassenburg in Kulmbach die Residenz des Landes. Bayreuth entwickelt sich dennoch zögerlich.

1430 Ein erster schwerer Schlag für Bayreuth, die Hussiten fallen in der Stadt ein und zerstören die wichtigsten Bauten und Schriften der Stadt. Die Bevölkerung flieht.

1533 Mit der Reformationsbewegung löst sich Bayreuth vom Bistum Bamberg und Markgraf Georg „der Fromme" führt die neue Kirchenordnung in Bayreuth ein.

1602 Die Pest fordert mehr als 1000 Opfer.

1603 Markgraf Christian kehrt Kulmbach und der Plassenburg im Zuge der Renaissance den Rücken und verlegt die fürstliche Residenz nach Bayreuth. Aus diesem Anlass wird das Alte Schloss aus- und umgebaut.

1605 Bayreuth brennt und wird zu großen Teilen zerstört.

1621 Der zweite große Stadtbrand vernichtet große Teile des alten Bayreuths.

1632 Während des 30-jährigen Krieges wird die Stadt drei Jahre hintereinander eingenommen, verwüstet und geplündert.

1655 Markgraf Christian stirbt nach 52-jähriger Regentschaft.

1661 Der Enkel Christian Ernst übernimmt die Regierung.

1701 Erbprinz Georg Wilhelm gründet die Stadt St. Georgen und baut diese feudal aus: mit mehreren Schlossbauten, einem Altenheim, der Ordenskirche.

1712 Georg Wilhelm wird Markgraf von Bayreuth.

1735 Das Markgrafenpaar Friedrich und Wilhelmine tritt die Regierung an. Die kunstsinnige und intelligente Lieblingsschwester von Friedrich dem Großen trägt maßgeblich zur Blüte der Stadt bei. Unter ihrer Führung wird die Eremitage angelegt, das Neue Schloss, der Hofgarten und die Friedrichstraße gebaut.

1742 Markgraf Friedrich gründet eine Universität.

1748 Prinzessin Elisabeth Friederike heiratet. Aus diesem Anlass wird das prächtige Markgräfliche Opernhaus eingeweiht.

1756 Die Künste spielen eine große Rolle, daher gründet Friedrich in Bayreuth eine Kunstakademie.

1792 Nach dem Rücktritt des Markgrafen Alexander fällt das Fürstentum Bayreuth an das Königreich Preußen.

1806 Napoleon besetzt die Stadt und presst ihr immer wieder hohe Kontributionen ab.

1810 Das Königreich Bayern kauft das Fürstentum Bayreuth Frankreich ab.

1818 Die bayerische Gemeindeordnung gilt nun auch für Bayreuth, so dass der Stadt erstmals ein hauptamtlicher Bürgermeister vorsteht. Bayreuth wird Sitz der Regierung des Obermainkreises, der späteren Regierung von Oberfranken.

1870 Richard Wagner besucht Bayreuth und dessen berühmtes Barock-

chichte der Stadt

theater. Da das Markgräfliche Opernhaus für Wagners Opern allerdings nicht ausreicht und dem Komponisten auch nicht passend erscheint, entstehen die Pläne für ein eigenes Festspielhaus.

1873 Der große Komponist zieht in sein neues Domizil, Haus Wahnfried, ein. Von nun an ist er der berühmteste Sohn der Stadt.

1876 Das Festspielhaus wird mit der Aufführung des „Ring des Nibelungen" feierlich eröffnet. Seitdem gehört Bayreuth zu den Höhepunkten des kulturellen Lebens in Europa.

1904 Mit der Strecke Bayreuth – Hollfeld wird die erste Lokalbahn eröffnet.

1919 Nach der ersten Stadtratswahl nach dem Ersten Weltkrieg wird Albert Preu das erste direkt gewählte Stadtoberhaupt.

1932 Die Regierungsbezirke Ober- und Mittelfranken werden zusammengelegt, Sitz der Regierung wird Ansbach.

1945 Bayreuth büßt für die besondere Rolle, welche die Stadt, Wagners Musik und die Wagner-Familie für Adolf Hitler spielte, und wird in den letzten Kriegswochen schwer bombardiert. Ein Drittel der Stadt wird zerstört, rund 1000 Menschen sterben.
Bei letzten, schweren Bombenangriffen der Alliierten wird Bayreuth stark zerstört. Am letzten Kriegstag wird auch der Sonnentempel der Eremitage Opfer des Bombenhagels, ehe die Kapitulation unterzeichnet wird.
Die „Fränkische Presse" erhält die Lizenz der US-Militärregierung.

1948 Bayreuth wird wieder Sitz der Regierung von Oberfranken.
Mit dem Amtsantritt von Hans Rollwagen beginnt der Nachkriegsaufschwung der Stadt.

1951 Die Enkel von Richard Wagner, Wolfgang und Wieland Wagner, rufen „Neu-Bayreuth" aus und beleben die Festspiele neu.

1958 Hans Walter Wild tritt seine 30-jährige Amtszeit als Oberbürgermeister an.

1966 Annecy (Frankreich) und Bayreuth gehen die erste Städtepartnerschaft ein.

1972 Das Neue Rathaus wird eingeweiht.

1975 Die Universität Bayreuth nimmt ihren Lehrbetrieb auf.

1986 Einweihung des Bayreuther Klinikums.

1992 Die NSB, die Neue Spinnerei Bayreuth, wird stillgelegt. Bis zum Jahr 2006 verfällt das Industriedenkmal, dann wird mit der Sanierung begonnen.

1993 Die Stadt Bayreuth wird als Oberzentrum ausgewiesen.

1994 Bayreuth feiert sich selbst und sein 800-jähriges Jubiläum.

1997 Die Stadt wird moderner: Das Mulitplex-Kino Cineplaza und das Rotmain-Center werden eröffnet.

1999 Zwei bedeutende Einweihungen bringen die Stadt wieder ein Stück voran: Das Alte Rathaus wird nach seinem Umbau als Kulturzentrum in Betrieb genommen, die Lohengrintherme widmet sich dem körperlichen Wohl der Besucher.
Bayreuth und die italienische Stadt La Spezia besiegeln ihre Städtepartnerschaft.

2006 Nach beinahe 60 Jahren SPD-Herrschaft in Bayreuth wählen die Bürger der Stadt mit Dr. Michael Hohl erstmals einen CSU-Politiker zum Oberbürgermeister.

Festspielhaus

Das Wahrzeichen der Stadt: das Festspielhaus Bayreuth, das auf dem so genannten Grünen Hügel über der Stadt steht. Gebaut nach Plänen von Architekt Otto Brückwald, wurde in ihm 1876 die erste Wagner-Oper gespielt. Das Festspielhaus hat einige architektonische Eigenheiten, wie etwa den tiefer liegenden Orchestergraben, und ist für seine einmalige Akustik, die anderswo oft kopiert aber nie erreicht wurde, berühmt.

The landmark of the city: the Festspielhaus Bayreuth, standing on top of the so-called Green Hill above the city. It was built according to the plans of architect Otto Brückwald: in 1876 the first Wagner opera was performed here. The Festspielhaus offers some architectural characteristics, e. g. the lower located orchestra pit, and it is famous for its unique acoustics, which were often copied by different theaters, but have never been achieved.

L'emblème de la ville: le théâtre du Festival de Bayreuth domine Bayreuth depuis la Colline Verte. C'est dans ce théâtre construit selon des plans de l'architecte Otto Brückwald que fut joué le premier opéra de Wagner en 1876. Sa fosse d'orchestre placée en partie sous la scène et son acoustique exceptionnelle sont deux des caractéristiques de ce théâtre.

Bayreuther Festspiele

„Wagner hoch 3" herrscht über dem Grünen Hügel zu Bayreuth: Richard Wagners Urenkel Wolfgang Wagner mit seiner Frau Gudrun und Tochter Katharina, die – so hofft der Vater – die Leitung der Bayreuther Festspiele eines Tages übernehmen wird.

"Wagner to the third" dominates over the Green Hill (Grüner Hügel) of Bayreuth: Richard Wagner's great-grandson Wolfgang Wagner with his wife Gudrun and their daughter Katharina, who will take over the management of the Bayreuth Festival some day – what is her father's desire.

Trois Wagner règnent sur la Colline Verte: l'arrière-petit-fils de Richard Wagner, Wolfgang Wagner, sa femme Gudrun et sa fille Katharina qui, comme l'espère son père, prendra un jour la direction du festival de Bayreuth.

Ein Dornröschenschlaf, der nur für sechs Wochen im Jahr unterbrochen wird. Im Festspielhaus zu Bayreuth werden ausschließlich Wagner-Werke geboten. Und das nur während der Festspielzeit im Juli und August jedes Jahres. Alle Diskussionen um eine Öffnung des Musikhauses für andere Komponisten und Veranstaltungen verliefen bislang ohne Ergebnis.

The sleep of a beauty, which is interrupted for merely six weeks per year. In the Festspielhaus of Bayreuth exclusively the works of Wagner have been performed, what has taken place only during the festival season in July and August every year. All discussions regarding an opening of the theater to other composers and performances have not yet supplied any result.

Un profond sommeil qui n'est interrompu que 6 semaines par an: le théâtre du Festival ne montre que des œuvres de Wagner, et cela uniquement pendant le festival qui a lieu chaque année en juillet et en août. Les discussions ayant pour but d'ouvrir le théâtre à d'autres compositeurs et d'autres manifestations n'ont jusqu'à maintenant jamais abouti.

Selbst aus einer gewissen Distanz behält das Festspielhaus, das Richard Wagner eigens für die Aufführung seiner Werke bauen ließ und das 1876 eröffnet wurde, seine Faszination, der sich nur wenige ganz und gar entziehen können. Richard Wagner und sein Werk finden in allen Ländern der Erde Verehrer.

Even from a certain distance, the Festspielhaus, which was built especially for the performance of Richard Wagner's works and was opened in 1876, keeps its fascination, what impresses nearly everyone.

Richard Wagner a fait construire le théâtre pour qu'y soient représentées ses ouvres. Rares sont ceux qui peuvent résister à la fascination exercée par ce bâtiment inauguré en 1876.

Was wäre die „Auffahrt" ohne Thomas Gottschalk? Zur feierlichen Eröffnung der Bayreuther Festspiele gehört der Entertainer samt Gattin Thea (diesmal mit Christoph Gottschalk und Ehefrau) inzwischen dazu. Beide sind auch aus modischer Sicht immer einen Blick wert.

What would the "Auffahrt" (opening) be without Thomas Gottschalk? The entertainer and his wife Thea (this time accompanied by Christoph Gottschalk and his spouse) are meanwhile part of the grand opening of the Bayreuth Festival. Both of them are always worth a look also from a fashion-related point of view.

Que serait l'"Auffahrt" sans Thomas Gottschalk? Le présentateur télé qui est un habitué de l'ouverture officielle du festival de Bayreuth est accompagné ici de sa femme Théa ainsi que de son frère Christoph et de sa belle-sœur. Thomas et Théa Gottschalk sont également connus pour leur hardiesse en matière de mode.

Kunst am Grünen Hügel.

Art on the Green Hill.

Art à la Colline Verte.

Große Bühne für die große Politik: Die Bayerische Staatsregierung lädt nach der Premierenvorstellung der Bayreuther Festspiele Jahr für Jahr zum Staatsempfang in das Neue Schloss.

A big stage for big politics: Every year after the première of the Bayreuth Festival, the Bavarian government has invited to a state reception in the New Castle.

Chaque année, après la première du festival de Bayreuth, le gouvernement bavarois donne une réception au Nouveau Château.

Kultur trifft Politik: Skandalregisseur Christoph Schlingensief, das Ehepaar Stoiber, die jetzige Bundeskanzlerin Angela Merkel und EU-Kommissionspräsident José Manuel Barroso mit Gattin beim Staatsempfang 2005.

Culture meets politics: Notorious director Christoph Schlingensief, married couples Stoiber, the present German Chancellor Angela Merkel and the President of the EU-commission, José Manuel Barroso with his wife at the state reception in 2005.

Rencontre de la culture et de la politique: le metteur en scène à scandale Christophe Schlingensief, le couple Stoiber, l'actuelle Chancelière Angela Merkel et le Président de la Commission européenne José Manuel Barroso et sa femme, lors de la réception officielle de 2005.

Markgräfliches Opernhaus

Hinter der eher zurückhaltenden Fassade des Markgräflichen Opernhauses (rechts) versteckt sich das schönste barocke Opernhaus der Welt. Seine hölzerne Innenausstattung ist original erhalten und einzigartig. Hinter dem linken Teil der Fassade erwartet das Operncafé mit viel Ambiente und leckeren, von der Hausherrin selbst gebackenen Kuchen, seine Gäste.

Behind the comparably modest façade of the Markgräfliches Opernhaus (Margravial Opera House; right side), the most beautiful baroque opera house in the world is hidden. Its unique wooden interior has been preserved in original condition. Behind the left part of the façade, the opera café awaits its guests with a great atmosphere and tasty, home-made cakes by the lady of the house.

Derrière la façade plutôt discrète de l'opéra des Margraves (à droite) se dissimule le plus bel opéra baroque du monde. Sa décoration intérieure d'origine entièrement en bois est unique. Sur la gauche, le salon de thé "Operncafé" attend ses clients avec ses gâteaux maison.

Zur Hochzeit ihrer Tochter 1748 ließ die musikverliebte und selbst Musikschaffende Markgräfin das herrliche Opernhaus bauen. Dessen Ruhm lockte auch Richard Wagner nach Bayreuth. Erst bei dem Besuch des Hauses stellte er fest, dass es für seine Zwecke und seine Werke zu klein ist.

On occasion of her daughter's marriage in 1748, the Margravine, music loving and a musician herself, let build the marvelous opera house. By its fame, Richard Wagner was allured to Bayreuth. But only when he visited the house, he found out that it was too small for his purposes and works.

À l'occasion du mariage de sa fille en 1748, la margravine qui était elle-même compositrice fit construire ce magnifique opéra dont la réputation attira aussi Richard Wagner à Bayreuth. C'est seulement lors de sa visite qu'il constata que celui-ci était trop petit pour les œuvres qu'il voulait y faire jouer.

Ludwigstraße

Französisch war die Sprache der Markgrafenzeit, französisch ist das Spiel, das in Bayreuth heute mit Leidenschaft betrieben wird. Die Boule-Spieler treffen sich regelmäßig vor Wilhelmines Neuem Schloss.

French was the language during the period of the Margraves, French as well is the game that has been played in Bayreuth with passion by now. The Boule players meet regularly in front of Wilhelmine's New Castle.

À l'époque des margraves on parlait français et c'est un jeu français qui se pratique avec passion aujourd'hui. Les joueurs de boules se rencontrent régulièrement devant le Nouveau Château de Wilhelmine.

Markgrafen-Brunnen vor dem Neuen Schloss

Falscher Standort, falsche Richtung? Der Markgrafen-Brunnen stand einst vor dem Alten Schloss und soll anders ausgerichtet gewesen sein. Die Himmelsrichtungen der vier Wasser speienden Tiere stimmen nicht mehr richtig überein.

Wrong place, wrong direction? The Markgrafen-Brunnen (Fountain of the Margraves) stood formerly in front of the Old Castle and is said to have had a different alignment. The directions of the four water spouting animals do no longer correpond with each other.

Faux emplacement? Fausse direction? La fontaine des Margraves se trouvait à l'origine devant l'Ancien Château et était, paraît-il, orientée différement. Les animaux ne font plus exactement face aux quatre points cardinaux.

Sitz der Regierung von Oberfranken

Ein würdevolles Gegenüber des Neuen Schlosses ist der Sitz der Regierung von Oberfranken in Bayreuth allemal.

The residence of Upper Franconia's government is a dignified counterpart of the New Castle.

Le siège du gouvernement de Haute-Franconie à Bayreuth est digne de son vis-à-vis, le Nouveau Château.

Sternplatz

Bayreuth lädt zum Verweilen ein. In der Innenstadt – hier am Sternplatz – finden sich viele gemütliche Straßencafés und Lokale.

Bayreuth invites for a rest. Visitors will find numerous cosy street cafés and restaurants downtown – here at the Sternplatz.

Bayreuth invite à se détendre: dans le centre-ville, comme ici place de l'Étoile, nombreux sont les cafés et les terrasses .

▼ Dem Bayreuther ist seine Stadt der Mittelpunkt der Welt.

A native of Bayreuth considers his city the center of the world.

Pour ses habitants, Bayreuth est le centre du monde.

Altes Schloss

Von Wilhelmine nicht geliebt, beim großen Stadtbrand 1753 abgebrannt und jetzt Sitz des Finanzamtes – das Alte Schloss an der Maxstraße. Die Ursprünge des Baues gehen bis ins Jahr 1454 zurück.

Not loved by Wilhelmine, destroyed by the terrible city fire in 1753, and now residence of the tax office: the Old Castle (Altes Schloss) in Maxstraße. This building dates back to 1454.

Wilhelmine n'aimait pas l'Ancien Château de la rue Max dont les origines remontent à l'année 1454. Détruit dans le grand incendie de 1753, il abrite maintenant l'hôtel des finances.

▸ Maximilian II. hat schon bessere Zeiten gesehen. Zudem fristet die Statue des bayerischen Königs im Ehrenhof des Alten Schlosses eher ein Schattendasein.

Maximilian II has had better times indeed. Moreover, the statue of the Bavarian king located in the honor court of the Old Castle does not attract much attention.

Maximilien II a connu des jours meilleurs. La statue du roi de Bavière vit dans l'ombre dans la cour d'honneur de l'Ancien Château.

Urweltmuseum

Sie sind die Lieblinge der kleinen Bayreuther: die lebensgroßen Dinosaurier-Nachbildungen im Urweltmuseum, das einzigartig ist.

They are the favourites of Bayreuth's children: the lifesize dinosaur models of the Primeval World Museum (Urweltmuseum), which is truly unique.

Les enfants de Bayreuth adorent les reproductions de dinosaures grandeur nature de ce musée unique en son genre.

Viktualienmarkt

Hier kauft man Frisches, ein Pläuschchen gibt es gratis dazu: Der Viktualienmarkt ist ein Treffpunkt für Genießer.

Fresh food is available here, and a small talk comes free of charge: The food market (Viktualienmarkt) is a meeting point for connoisseurs.

On y trouve des produits frais et l'occasion de bavarder: le marché aux Victuailles est le rendez-vous des amateurs de bonne chère.

Kanzleistraße

Der Turm der katholischen Schlosskirche ist ein Unikum. In seinem Inneren führt eine spiralförmige Straße nach oben, die einst für Pferdekutschen gedacht war. Entlang der Kanzleistraße und der parallel verlaufenden Ludwigstraße bestimmen historische Gebäudeensembles das Straßenbild.

The tower of the Catholic Schlosskirche (Castle Church) is absolutely unique. Inside of it, a spiral path winds upwards, which was once planned for horse coaches. Historic buildings dominate the appearance of the parallel streets Kanzleistraße and Ludwigstraße.

La tour de la chapelle catholique du château est unique en son genre en raison de sa rampe intérieure carrossable. La rue de la Chancellerie et la rue Ludwig sont bordées de belles maisons anciennes.

Bayreuther Fasching

Wem Mainz, Köln und Düsseldorf zu hektisch sind, für den ist der Faschingsumzug in Bayreuth ein Genuss. Vom Gaudiwurm mit vier, fünf Wagen hat sich der Umzug jetzt zu einem echten Straßenfeger entwickelt.

Who considers Mainz, Cologne and Dusseldorf as too hectic, will certainly appreciate the carnival procession of Bayreuth. It has developed from a small "fun worm" with four or five carriages to a real "road sweeper".

Ceux qui trouvent les fêtes de carnaval de Mayence, Cologne et Düsseldorf trop agitées n'en apprécient que mieux le défilé de carnaval de Bayreuth. Ce qui n'était au début qu' un cortège de quatre, cinq voitures est maintenant un spectacle qui attire les foules.

Herkulesbrunnen in der Maxstraße

Brunnen schmücken das Bayreuther Stadtbild. Der Herkulesbrunnen in der Maxstraße wird ebenso wie der Neptunbrunnen gerne für kleine Pausen genutzt.

The city of Bayreuth is decorated with fountains. The Hercules Fountain in Maxstraße as well as the Neptune Fountain are favourite spots for a little break.

Les rues de Bayreuth sont ornées de fontaines. La fontaine d'Hercule de la rue Max, tout comme celle de Neptune, invite les passants à faire une petite pause.

Marktplatz

Erst 2006 hat das Handwerk der Stadt mit dem Maibaum in der Maxstraße eine alte Tradition neu belebt.

Only in 2006, the handicrafts of Bayreuth have revived an old tradition in Maxstraße: the maypole.

C'est seulement en 2006 que les artisans de la ville ont remis une vieille tradition à l'honneur en érigeant un arbre de mai rue Max.

Bayreuth ohne Kloß – undenkbar. Einmal im Jahr widmen die Bayreuther ihrem Nationalgericht sogar ein eigenes Fest.

Bayreuth without dumplings – unthinkable. Once a year, the people of Bayreuth even dedicate a special festival to their favourite meal.

Impossible d'imaginer Bayreuth sans ses boulettes de pommes de terre. Une fois par an, les habitants de Bayreuth consacrent même une fête à leur plat national.

Altes Rathaus

◂ Das Alte Rathaus ist ein Schmuckstück im Herzen der Stadt, das mit viel Initiative und Geschmack hergerichtet wurde. Früher – der Name besagt es – beherbergte das 1679 erbaute Gebäude das Rathaus, heute das Stadtmuseum und eine beliebte Gastronomie.

The Old Town Hall (Altes Rathaus), a piece of jewelry in the heart of the city, was renovated with much initiative and taste. According to its name, it was built in 1679 to serve as the town hall, but nowadays it houses the city museum and a popular restaurant.

Situé au cœur de la ville, ce joyau a été restauré avec beaucoup d'énergie et de goût. Ce bâtiment date de 1679 et, comme son nom l'indique, il a d'abord abrité la mairie. On y trouve maintenant le musée municipal (Stadtmuseum) et un restaurant apprécié.

„Marsyas I" vor dem Alten Rathaus

Fleht er um mehr Aufmerksamkeit? Kunstsuchende finden „Marsyas I", die Bronzeplastik von Alfred Hrdlicka, am Alten Rathaus. Die Plastik war die erste der Skulpturenmeile Bayreuth, die ausschließlich in Privatinitiative und durch Spenden aufgebaut wird.

Does he beseech for more attention? Art-oriented visitors will find "Marsyas I", a bronze sculpture of Alfred Hrdlicka, near the Old Town Hall. This sculpture was the first one of the so-called "mile of sculptures", which will be installed in Bayreuth exclusively by private initiative and donations.

Est-ce qu'il supplie qu'on lui accorde plus d'attention? À l'Ancienne Mairie, les amateurs d'art sont accueillis par „Marsyas I", une sculpture en bronze d'Alfred Hrdlicka. C'est la première œuvre du Chemin des Sculptures de Bayreuth, chemin réalisé uniquement grâce à une initiative privée et à des collectes.

Sophienstraße

Bayreuther Alltag in der Sophienstraße.

Everyday-life in Bayreuth's Sophienstraße

Un jour comme les autres à Bayreuth.

Jugendfestspieltreffen

Hohe Kultur findet während der Festspielzeit nicht nur im Festspielhaus statt, sondern vor allem auch in den Straßen der Stadt. Denn das Treffen, ein international besetztes Jugendfestival, ist Anziehungspunkt für talentierte Nachwuchsmusiker aus der ganzen Welt.

Great cultural events do not only take place in the Festspielhaus during the theater season, but in particular in the city's streets. Because this meeting, an international youth festival, means an attraction for talented up-and-coming musicians from all over the world.

Pendant la saison du festival, les manifestations culturelles ne se limitent pas à l'enceinte du théâtre. Le festival de la Jeunesse attire en effet de jeunes musiciens talentueux venus du monde entier.

Spitalkirche

Die Spitalkirche, deren Renovierung 2006 abgeschlossen wurde, wirkt neben den beiden großen Kirchen der Stadt beinahe unscheinbar. Dennoch wird gerade diese kleine Kirche an der Stadtmauer zur Besinnung genutzt.

The Spitalkirche (Hospital Church), whose renovation was finished in 2006, looks rather inconspicuously compared to the two big churchs of Bayreuth. Nevertheless, people attend just this church at the city wall for reflection.

Cette église dont la rénovation s'est achevée en 2006 semble bien effacée en comparaisons des deux grandes églises de Bayreuth. C'est pourtant justement dans cette église des remparts que les gens viennent se recueillir.

Von-Römer-Straße

Kleine Läden mit besonderem Angebot finden in der Innenstadt ihre vor allem junge Klientel. An der Von-Römer-Straße finden sich die schicksten.

Small shops with special products find their predominantly young customers downtown. The nicest ones reside in the Von-Römer-Straße.

Les petites boutiques du centre-ville attirent particulièrement la clientèle jeune. Les plus chic d'entre elles se trouvent rue von Römer.

Untere Maxstraße

Hektik herrscht andernorts: In der Innenstadt sind beschauliche Momente keinesfalls die Ausnahme.

Hurly-burly must happen elsewhere: Quiet moments are not at all an exception downtown.

Dans le centre-ville, les moments de calme ne sont pas l'exception.

Dammallee

Bayreuth blüht im Verborgenen: In den vergangenen Jahren hat sich die alte Stadtmauer ihren Platz im Stadtbild zurückerobert und wirbt seitdem mit Charme um die Gunst der Einheimischen und Besucher.

Bayreuth has been flourishing in seclusion: During the past years, the old city wall has regained its place in the city's panorama, and since then it has applied with charms for the favor of inhabitants and tourists.

Au cours des années passées, les remparts ont reconquis leur place dans la physionomie de la ville et jouent de tout leur charme pour plaire aux habitants et aux visiteurs de Bayreuth.

Stadtkirche

Die Stadtkirche, größtes Gotteshaus Bayreuths, gründet auf einen romanischen Vorgängerbau aus dem 13. Jahrhundert. Während des Hussitenkriegs brannte die gotische Kirche aus. 1439 begann ihr Wiederaufbau, 1450 folgten die beiden das Stadtbild prägenden Türme.

The Stadtkirche (City Church), the biggest church of Bayreuth, was based on a previous Romanesque building from the 13th century. During the war against the followers of Huss, the Gothic church burnt out completely. Its reconstruction was started in 1439, the two towers, which are characteristics of the city's panorama, followed in 1450.

La plus grande église de Bayreuth fut précédée par un bâtiment roman du 13ème siècle. Incendiée pendant la guerre des Hussites, l'église baroque a été reconstruite à partir de 1439. Les deux tours si caractéristiques ont suivi en 1450.

Noch einmal brannte die Stadtkirche nieder, sie fiel dem verheerenden Stadtbrand von 1605 anheim. Nach dem Wiederaufbau wurde das Gotteshaus zur Hofkirche der Markgrafen, Grabkirche der Hohenzollern und Hauptkirche des Fürstentums.

The Stadtkirche burnt down once again, it fell a victim to the terrible fire of 1605. After the church's reconstruction, it became court church of the Margraves, grave church of the Hohenzollern dynasty and the main church of the principality.

L'église brûla une nouvelle fois lors de l'incendie qui dévasta la ville en 1605. Après sa reconstruction, elle devint l'église de la cour margravienne, l'église funéraire des Hohenzollern et l'église principale de la principauté.

Historisches Museum

Die Figurengruppe vor dem Historischen Museum hat schon viel Geschichte hinter sich. War sie zu Beginn aus Kunststoff gebaut, ist sie nach Zerstörung und Anfeindung jetzt massiv in Bronze gegossen.

The group of sculptures in front of the Historical Museum has a long history. Originally made of plastic, it was re-constructed of massive cast bronze after its desctruction and animosities.

Ce groupe situé devant le musée Historique a déjà une histoire mouvementée. À l'origine exécuté en une matière synthétique, il a été l'objet d'actes de vandalisme et est maintenant en bronze massif.

Friedrichstraße

Zu Zeiten von Markgräfin Wilhelmine entstand mit der Friedrichstraße eine der prächtigsten Straßen Bayreuths. Nachdem viele der herrschaftlichen Häuser jahrzehntelang verfielen, wurde jetzt die Bedeutung der Straße und ihrer Häuser wieder entdeckt und immer mehr alte Gebäude restauriert. In der Friedrichstraße hat auch die Klaviermanufaktur Steingraeber ihren angestammten Sitz (im Bild), an dem noch heute die Klaviere gefertigt werden.

One of the most beautiful streets of Bayreuth dates back of the times of Margravine Wilhelmine: the Friedrichstraße. After many noble houses had fallen into ruins for decades, the meaning of the street and its buildings has been re-discovered now and more and more old houses are restored. In Friedrichstraße, the piano manufacturers Steingraeber have their family domicile (see picture), where pianos are produced to this day.

Construite à l'époque de la margravine Wilhelmine, c'est une des plus belles rues de Bayreuth. Si, pendant des décennies, on y a laissé de nombreuses maisons se délabrer, on apprécie maintenant la rue à sa juste valeur et on restaure de plus en plus de ses vieux bâtiments. Le siège de la manufacture de pianos Steingraeber se trouve aussi rue Frédéric (photo); on y fabrique aujourd'hui encore des pianos.

▲ Kopfsteinpflaster, historische Stadtvillen, antik anmutende Straßenlaternen: In der Friedrichstraße stimmen auch die Details. Nur die Parkscheinautomaten an den raren Parkplätzen stammen aus der Neuzeit.

Cobbled streets, historic city villas, antique looking street lamps: In Friedrichstraße even the details fit in. Only the parking meters for the few parking lots are of modern times.

Pavés, hôtels particuliers, réverbères, tout rappelle le passé. Seuls les distributeurs de tickets des rares places de stationnement sont modernes.

Ellrodtsches Palais

◀ Die Schönen der Stadt thronen über dem Eingang des Ellrodtschen Palais, eines der prunkvollsten Häuser des früheren Bayreuths.

The beauties of the city are enthroned above the entrance of the Ellrodt Palace, one of the most gorgeous buildings of the old Bayreuth.

Les belles de la ville surmontent l'entrée du palais Ellrodt, une des maisons les plus somptueuses du vieux Bayreuth.

▲ Palais an Palais reiht sich in der Friedrichstraße aneinander.

One palace joins to another in Friedrichstraße.

La rue Frédéric est bordée d'hôtels particuliers.

Jean-Paul-Platz

Rund um die Stadthalle am Jean-Paul-Platz sind die schönsten Bürgerhäuser der Stadt zu finden. Johann David Ränz baute dieses Gebäude ab 1804 als Gymnasium. Zu seinen ersten Schülern gehörte der aus Bayreuth stammende Philosoph Max Stirner.

Around the civic hall (Stadthalle) at Jean-Paul-Platz, the most beautiful noble houses of the city can be found. Johann David Ränz let erect this building in 1804 as a high school. One of its first pupils was the Bayreuth native and philosopher Max Stirner.

Les plus belles maisons bourgeoises de la ville se dressent autour du palais des Congrès de la place Jean-Paul. Ce bâtiment construit en 1804 par l'architecte Johann David Ränz fut d'abord un lycée dont un des premiers élèves fut le philosophe Max Stirner, originaire de Bayreuth.

Klaviermanufaktur Steingraeber & Söhne

Die Klaviermanufaktur Steingraeber & Söhne trägt ihre Bezeichnung zu Recht: Seit über 100 Jahren werden in Bayreuth Flügel und Pianos mit viel Können und Liebe hergestellt. Ihr Klang begeistert Musikliebhaber in vielen Konzertsälen und Konservatorien der Welt.

The name of the piano manufacturers Steingraeber & sons is well-deserved: For more than 100 years, grand pianos and pianos have been built with much expertise and affection. Their sound fills music lovers in many concert halls and conservatories world-wide with enthusiasm.

La manufacture de pianos Steingraeber & Fils mérite bien son nom puisque cela fait plus de 100 ans qu'on y fabrique des pianos droits et à queue dont la qualité enthousiasme les mélomanes de salles de concert et de conservatoires du monde entier.

Stadthalle

Außerhalb der Festspielzeit findet das Kulturleben Bayreuths meist in der Stadthalle statt. Das ehemalige markgräfliche Reithaus bietet in zwei Sälen 1200 Besuchern Platz.

Beyond the festival season, the cultural life of Bayreuth takes place in the Stadthalle. The former Margravial horse-riding house offers 1200 seats in two halls.

En dehors de la saison du festival, le palais des Congrès aussi accueille les manifestations culturelles. L'ancien manège couvert margravien peut accueillir 1200 visiteurs dans deux salles.

Hofgarten am Neuen Schloss

Was den Münchnern ihr Englischer Garten ist den Bayreuthern der Hofgarten am Neuen Schloss. Markgräfin Wilhelmine blickte aus ihren Räumen direkt auf das grüne Refugium.

The equivalent of the English Garden in Munich ist the Hofgarten (court garden) near by the New Castle for the citizens of Bayreuth. Margravine Wilhelmine could overlook the green refuge from her rooms.

Le parc du Nouveau Château est aux habitants de Bayreuth ce que le Jardin Anglais est aux Munichois. Les fenêtres des appartements de la margravine Wilhelmine donnent directement sur ce refuge de verdure.

▸ Ob es der beliebte Kinderspielplatz ist oder der kleine Sonnentempel, für Kinder ist der Hofgarten gerade wegen seiner Nähe zur Innenstadt die ideale Abwechslung zum Toben und Spielen.

If you choose the popular children's playground or the small sun temple: The Hofgarten is the ideal alternative for children to romp and play, particularly because it is close to the city center.

Que ce soit en raison du terrain de jeux ou du petit temple du Soleil, le parc du Château est un endroit idéal pour les enfants qui peuvent s'en donner à cœur joie tout près du centre-ville.

Kleine, aber feine Gartenarchitektur und wunderschön gestaltete Brunnen zeichnen den Hofgarten aus.

The Hofgarten is distinguished for its small but fine garden architecture and the wonderfully designed fountains.

Une architecture de jardin élégante et de très belles fontaines, telles sont les caractéristiques du parc du Château.

Freimaurermuseum

Schurze, Ritualhämmer und Logenabzeichen der Freimaurer aus dem 18. und 19. Jahrhundert. Die Geschichte und die Entwicklung der deutschen und europäischen Freimaurerei ist im Deutschen Freimaurermuseum nachvollziehbar. Die Sammlung ist über 100 Jahre alt.

Aprons, ritual hammers, and badges of lodges of freemasons from the 18th and 19th centuries. History and development of the German and European freemasonry can be experienced in the German Museum of Freemasonry. The collection is older than 100 years.

Tabliers, maillets rituels et emblèmes de loges maçonniques du 18ème et du 19ème siècle. L'histoire et le développement de la franc-maçonnerie allemande et européenne sont montrés au musée allemand de la Franc-Maçonnerie. Cette collection a plus de 100 ans.

Justizpalast am Wittelsbacher Ring

Monumental, ehrwürdig, gebieterisch – hier residiert Justitia. Bayreuther nennen das Gebäude am Wittelsbacher Ring den Justizpalast.

Monumental, venerable, peremptory – the residence of Justitia. The inhabitants of Bayreuth call this building located at Wittelsbacher Ring the Justizpalast (Palace of Justice).

Justitia réside au palais de Justice. C'est ainsi que les habitants de Bayreuth appellent ce bâtiment monumental et impressionnant du Wittelsbacher Ring.

„Typisch Bayreuth: Nachts sind alle Franken blau“ – die Studiobühne gehört zu den progressiven kulturellen Faktoren der Stadt. Und darf deshalb auch mal provozieren.

“Typical of Bayreuth: At night, all Francs are blue/drunk” – the Studiobühne is one of the progressive cultural factors of the city.

„Typique de Bayreuth: la nuit tous les Franconiens sont gris.“Dans le domaine culturel, cette compagnie est un des facteurs progressistes de la ville.

Brauerei- und Büttnermuseum

Die heimliche Hauptstadt des Bieres ist eine andere, dennoch kann Bayreuth in Sachen Bier Einmaliges aufweisen. Das Brauerei- und Büttnereimuseum der Brauerei Gebrüder Maisel gehört dazu.

The secret capital of beer is a different one, nevertheless Bayreuth can offer something unique as regards beer. The museum of brewery and cooperage of the Brewery Gebrüder Maisel is part of that.

Si la ville de Bayreuth n‘est pas la capitale officieuse de la bière, elle possède cependant quelque chose d‘unique dans ce domaine: le musée de la brasserie des frères Maisel (Brauerei- und Büttnereimuseum).

Bayreuther Katakomben

Geheimnisvolle Unterwelt: Die Bayreuther Katakomben haben wechselnde Nutzungen hinter sich. Einst als kühle Lagerstätte für das süffige Bier genutzt, dienten die Felsengänge im Krieg auch als Bombenschutzkeller oder als Lazarett. Warum diese Gänge entstanden sind, ist bis heute nicht bekannt.

Mysterious underworld: The catacombs of Bayreuth were used for different purposes. Once they were cool warehouses for the tasty beer, later the corridors served as air-raid shelters and hospitals. It is unknown to the day, what these catacombs were created for.

Un monde souterrain mystérieux: les catacombes de Bayreuth ont été utilisées à des fins diverses. Dans le passé, on y entreposait la bière; pendant la guerre, les passages taillés dans le roc servaient d'hôpital ou d'abris pendant les bombardements. Aujourd'hui on ne sait toujours pas pourquoi ces passages ont été creusés.

Der organisierte Gang durch die Katakomben unter der alten Bayreuther Bierbrauerei AG bietet spannende Unterhaltung. Hugo Bayerlein gründete über diesen Felsenkellern, die sich kilometerweit ausdehnen, die erste Privatbrauerei Bayreuths.

A guided tour through the catacombs under the old Bayreuther Bierbrauerei AG (Bayreuth Beer Brewery) offers thrilling entertainment. Hugo Bayerlein founded the first private brewery of Bayreuth above of these rock cellars, which are several kilometers long.

La visite organisée des catacombes situées sous la vieille „Bayreuther Bierbrauerei AG" est passionnante. C'est au-dessus de ces couloirs souterrains longs de plusieurs kilomètres qu'Hugo Bayerlein fonda la première brasserie privée de Bayreuth.

Stadtfriedhof

Das in Weiß gehaltene Mausoleum, das nach der Zerstörung im Zweiten Weltkrieg seitenverkehrt wieder aufgebaut wurde, wurde für Franz Liszt errichtet. Ihre letzte Ruhestätte fanden auf diesem Friedhof auch der Dichter Jean Paul und dessen Sohn, und Siegfried, Winifred und Wieland Wagner. Beerdigt wurde hier einstmals auch Marianne Thekla Mozart, das berühmte Bäsle Mozarts. Ihr Grab ist allerdings verschwunden.

The white mausoleum, which was re-erected with reversed sides after its destruction in World War II, was built for Franz Liszt. This cemetery is the last resting-place of poet Jean Paul and his son, as well as of Siegfried, Winifred and Wieland Wagner.

Ce mausolée blanc érigé pour Franz Liszt a été détruit pendant la Seconde Guerre mondiale et ses côtés ont été inversés lors de sa reconstruction. C'est dans ce cimetière que reposent également le poète Jean-Paul et son fils, ainsi que Siegfried, Winifred et Wieland Wagner.

▲ Auf dem Bayreuther Stadtfriedhof liegen die berühmten Bürger der Stadt begraben. Sie ließen ihre Grabkappellen prunkvoll gestalten.

The famous citizens of Bayreuth are buried on the Stadtfriedhof (city cemetery). Their tombs were decorated magnificently.

C'est ici, dans leurs chapelles funéraires somptueuses, que reposent les personnalités de la ville.

Bürgerfest

Immer am ersten Wochenende im Juli zeigt die Bayreuther Innenstadt rund um die evangelische Stadtkirche, was sie an Atmosphäre und Stimmung zu bieten hat.

Every year on the first weekend of July, the city center of Bayreuth around the Protestant city church shows, what it has to offer with reference to mood and atmosphere.

Chaque premier week-end de juillet, l'animation règne dans le centre-ville de Bayreuth tout autour de la grande église protestante

Sie ist ein Wahrzeichen Bayreuths und beinahe so bekannt wie das Festspielhaus: die fränkische Bratwurst, die in Bayreuth besonders gut schmeckt.

They are a trademark of Bayreuth and they are nearly as famous as the Festspielhaus (Festival Theater): the Franconian fried sausages, which are especially tasty in Bayreuth.

Elle est un emblème de la ville et presque aussi connue que le théâtre du Festival: à Bayreuth, la saucisse grillée de Franconie est excellente.

Neues Rathaus

Das Neue Rathaus der Stadt Bayreuth ist ebenfalls ein Wahrzeichen der Stadt, aber wegen seiner Architektur und Farbgebung kein sehr beliebtes.

The New Town Hall (Neues Rathaus) of Bayreuth is a landmark of the city as well, but due to its architecture and coloring, not a very popular one.

La Nouvelle Mairie (Neues Rathaus) de la ville de Bayreuth est un des emblèmes de la ville même si son architecture et sa couleur sont peu appréciées ici.

Rathaus und Festspielhaus auf Augenhöhe – nur die Perspektive macht es möglich.

Town hall and festival theater at eye-level – only enabled by this perspective.

Mairie et théâtre du Festival à hauteur des yeux!

Mühlkanal

Eine venezianische Gondel schipperte zur Einweihung des „Canale Grande“ über den Mühlkanal, den die Stadt mit viel finanziellen Mitteln wieder frei gelegt hat. Die Mühe lohnte sich, bei schönem Wetter sind die Opernstraße und der „Canale Grande“ Anziehungspunkt für alle Sonnenhungrigen.

On occasion of the inauguration of the “Canale Grande”, a Venetian gondola was drifting across the mill canal, which was reconstructed by the city of Bayreuth with considerable investments.

Inauguration du „Canale Grande“: une gondole vénitienne vogue sur le bief que la ville a fait remettre à grands frais en état.

„Poggibonsi“ an der Opernstraße

Skulpturenmeile, die zweite: Poggibonsi von Horst Antes überwacht den „Canale Grande“ an der Opernstraße.

Mile of sculptures, no. 2: Poggibonsi by Horst Antes supervises the “Canale Grande” at the Opernstraße.

Chemin des Sculptures, suite: „Poggibonsi“ de Horst Antes surveille le "Canale Grande" depuis la rue de l'Opéra.

Schlossterrassen an der Opernstraße

Der Wirbel um die Schlossterrassen spaltete Bayreuths Bürgerschaft lange Zeit: Bei der Neugestaltung der Opernstraße wurde die historische Ansicht wieder hergestellt. Zum Ärger vieler Einheimischer, da im Sommer die Bäume jede Sicht auf die herrlichen Palais verhindern.

The quarrel about the castle terraces caused a long lasting split of Bayreuth's population: In the course of the renewal of the Opernstraße, the historic appearance was restored.

Les travaux de réaménagement destinés à rendre à la rue de l'Opéra son apparence originale ont longtemps divisé les habitants de Bayreuth.

Schlossturm und Schlossterrassen

◀ Ein herrlicher Blick vom „Canale Grande“ auf die Schlossterrassen und den Schlossturm.

A wonderful view from the Canale Grande over the castle terraces and the castle tower.

Les terrasses et la tour du château vues du "Canale Grande".

Opernstraße

Der Blick von den Schlossterrassen auf das herrschaftliche Gebäudeensemble an der Opernstraße.

View from the castle terraces to the noble buildings of the Opernstraße.

Belles maisons de la rue de l'Opéra vues des terrasses du château.

Hotel Goldener Anker in der Opernstraße

Seit 1753 ist das altehrwürdige Hotel Goldener Anker im Familienbesitz. Das Haus ist für seine außergewöhnlichen Zimmer in historischem Gewand und seine exquisite Küche bekannt.

Since 1753 the time-honored hotel Goldener Anker (golden anchor) has been family property. The house is known for its extraordinary rooms with historical outfit and its exceptional cuisine.

Hotel Goldener Anker: cet hôtel appartient depuis 1753 à la même famille. Il est connu pour l'élégance de ses chambre et la qualité de sa cuisine.

Richard-Wagner-Straße

Wacht über die Innenstadt: Der Blick von der Richard Wagner Straße hinauf zum Schlossturm, der achteckig angelegt ist. Und der früher stand als die Schlosskirche selbst.

Guard over the city center: The view from Richard-Wagner-Straße up to the castle tower with its octagonal construction.

Elle est plus vieille que l' église du château et veille sur le centre-ville: la tour octogonale du château, vue de la rue Richard-Wagner.

Sternplatz

Dem Bayreuther ist seine Stadt der Mittelpunkt der Welt.

A native of Bayreuth considers his city the center of the world.

Pour ses habitants, Bayreuth est le centre du monde.

Bayreuth lädt zum Verweilen ein. In der Innenstadt – hier am Sternplatz – finden sich viele gemütliche Straßencafés und Lokale.

Bayreuth invites for a rest. Visitors will find numerous cosy street cafés and restaurants downtown – here at the Sternplatz.

Bayreuth invite à se détendre: dans le centre-ville, comme ici place de l'Étoile, nombreux sont les cafés et les terrasses .

Villa Wahnfried

Er war ein begnadeter Komponist, hatte aber auch architektonisches Talent: Richard Wagner hat die Pläne für seine Villa Wahnfried in den Grundzügen selbst entworfen.

He was a gifted composer, but furthermore he had a talent for architecture: Richard Wagner himself has drawn the basic plans for his Villa Wahnfried.

Le compositeur de génie était également doué pour l'architecture: il a inspiré les plans de la villa Wahnfried.

„Hier, wo mein Wähnen Frieden fand, Wahnfried sei dieses Haus von mir benannt.“ So ließ es Richard Wagner in goldenen Buchstaben an die Fassade der Villa Wahnfried schreiben, als er 1874 dieses am Hofgarten gelegene Haus bezog.

“Hier, wo mein Wähnen Frieden fand, Wahnfried sei dieses Haus von mir benannt.” (Here, where my imagination has found its peace, I will call this house Wahnfried.) Richard Wagner is the author of this sentence written in golden letters on the façade of the Villa Wahnfried, located at the court garden, where he moved in in 1874.

„Ici, où mes illusions trouvèrent la paix – Wahnfried – ainsi je nomme cette maison.“ Wagner fit graver ces mots en lettres dorées sur la façade de la villa Wahnfried lorsqu'il emménagea en 1874 dans cette maison en bordure du parc du château.

Cosima Wagner, ...

Cosima Wagner war die Frau in Wagners Leben, die mit dem großen Komponisten, aber schwierigen und egoistischen Menschen alle Höhen und Tiefen erlebte. Die Tochter von Franz Liszt leitete nach Richard Wagners Tod 1883 die Bayreuther Festspiele.

Cosima Wagner, Franz Liszt's daughter, was the woman in Wagner's life, who experienced all ups and downs in company with the great composer, who was a complicated and egoistical person at the same time.

Cosima Wagner, la fille de Liszt, partagea la vie de Wagner, avec ses hauts et ses bas. Ce grand compositeur était aussi homme difficile et égoïste.

Franz Liszt und ...

Der Klaviervirtuose Franz Liszt, dem die Stadt in seinem früheren Wohnhaus neben Haus Wahnfried ein Museum gewidmet hat, war nicht eben glücklich über die Liaison seiner Tochter Cosima mit Richard Wagner, doch verehrte er den Komponisten und erkannte dessen musikalisches Genie.

The piano virtuoso Franz Liszt, to whom a museum in his former house beside the Wahnfried house was dedicated by the city of Bayreuth, was not really happy with the liaison of his daughter Cosima with Richard Wagner, but he admired the composer and recognized his musical genius.

Le pianiste virtuose Franz Liszt a maintenant son musée dans son ancienne maison près de la villa Wahnfried. Liszt n'était pas enchanté de la liaison de sa fille avec Richard Wagner mais il admirait le compositeur dont il reconnaissait le génie musical.

Richard Wagner im Festspielpark

Ein markanter Kopf, dessen Profil für Bayreuth steht: Richard Wagner, der gebürtiger Leipziger war, hat in Bayreuth seinen Lebenstraum erfüllen können. Daher hat ihn Bayreuth ebenso vereinnahmt, wie der Komponist es seinerzeit mit der Stadt getan hat.

A characteristic head, whose profile stands for Bayreuth: Richard Wagner, born in Leipzig, could fulfil his aim in life in Bayreuth. For this reason, he was occupied by Bayreuth in the same way he did it with the city.

Un profil marquant et un des emblèmes de Bayreuth: Richard Wagner, qui était originaire de Leipzig, put réaliser le rêve de sa vie à Bayreuth. La ville lui donna beaucoup et il le lui rend bien maintenant.

Schloss Birken

Spezialisiert auf die Versteigerung von Schlösschen und deren Inventar, bewohnt Familie Rothenbücher selbst das Schloss Birken zu Bayreuth.

The Rothenbücher family, that is specialized in the auction of small castles and their furnishings, has been living in the castle Birken zu Bayreuth.

Spécialisée dans la vente aux enchères de châteaux et de leur mobilier, la famille Rothenbücher habite elle-même le château Birken à Bayreuth.

Röhrensee

Grüne Lungen und natürliche Gewässer hat Bayreuth viel zu bieten, der Röhrensee ist mit seinem Tierpark das innerstädtische Familienausflugsziel Nummer eins.

Bayreuth can offer green lungs and natural waters: The Röhrensee (tube lake) with its zoo is the city's favourite destination for family excursions.

Bayreuth ne manque ni d'eau ni de verdure. Situé dans le centre-ville, le lac Röhrensee est, avec son jardin d'acclimatation, un but de promenade en famille particulièrement apprécié.

Wilhelm-Leuschner-Gedenkstätte

Wilhelm Leuschner gehört wohl zu den tapfersten Männern, die Bayreuth hervorgebracht hat. Der Gewerkschafter leistete Widerstand gegen das Nazi-Regime. In einem Kabinett nach einem Sturz Hitlers hätte Leuschner das Amt des Vizekanzlers übernehmen sollen. Dazu kam es nicht. Leuschner wurde verhaftet und 1944 in Berlin-Plötzensee hingerichtet. In seinem Geburtshaus besteht seit 2003 eine Gedenkstätte.

Wilhelm Leuschner is probably one of the most courageous men ever born in Bayreuth. The unionist opposed resistance to the Nazi-regime. In a cabinet after Hitler's fall, Leuschner should have become the vice-chancellor. This did not succeed, however. Leuschner was arrested and executed in Berlin-Plötzensee in 1944. In his birth-place, a memorial was established in 2003.

Wilhelm Leuschner était un des hommes les plus courageux de Bayreuth. Opposé au régime nazi, ce syndicaliste et résistant aurait dû obtenir le poste de vice-chancelier après la chute d'Hitler. Mais il fut arrêté puis exécuté à Berlin-Plötzensee en 1944. Sa maison natale abrite un mémorial depuis 2003.

Universität Bayreuth

Die Universität Bayreuth weist den Weg: Die in den 70er Jahren gegründete Hochschule schärft derzeit ihr Profil. Ihre strategische Ausrichtung liegt vor allem auf dem Gebiet der Naturwissenschaften und der Wirtschaftslehre.

The University of Bayreuth shows the way: It was founded in the seventies and has sharpened its profile. The strategic orientation is based on natural sciences and economics.

L'université de Bayreuth montre la voie à suivre. Fondée dans les années 70, elle aiguise son profil. Ses points forts sont les sciences naturelles et l'économie.

Die Universität bringt Bayreuth in Schwung. Rund 9000 junge Menschen, die sich hier qualifizieren, sorgen für studentisches Flair.

The university gets Bayreuth going. About 9000 young people are studying here and they create a youthful flair.

Bayreuth doit son élan et cette ambiance typique des villes universitaires à ses 9000 étudiants.

Ökologisch-botanischer Garten der Universität

The ecological-botanical garden of the university.

Le jardin botanique à vocation écologique de l'université de Bayreuth.

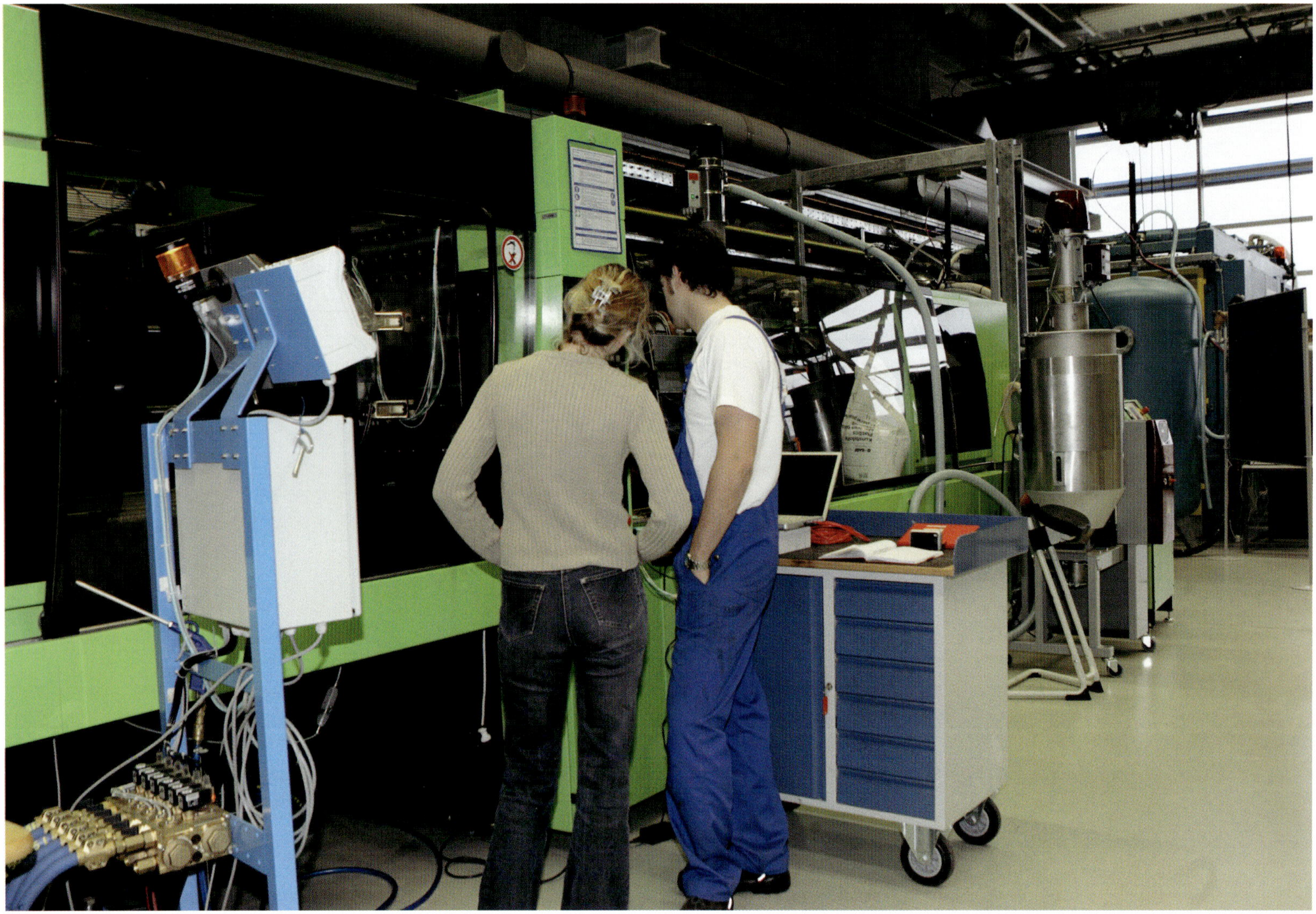

Kompetenzzentrum

Ein eigenes Sondergebiet Forschung und Entwicklung war der Stadt die Ansiedlung des Kompetenzzentrums Neue Materialien samt dem angegliederten Gründerzentrum wert.

The city of Bayreuth welcomed the settlement of the Kompetenzzentrum Neue Materialien (competence center for new materials) including the affiliated Gründerzentrum (foundation center) on a special separate area for research and development.

En permettant l'installation du "Centre de Compétence Neue Materialien" et de son centre de création d'entreprise, la ville de Bayreuth s'est donné son propre centre de recherche et de développement.

St. Georgen Ost

Wohnen und Gewerbe verträgt sich in Bayreuth. Das Industriegebiet St. Georgen Ost ist zum Beispiel Sitz des Stromnetzbetreibers Eon-Netz und des weltweit tätigen Unternehmens Medi.

Residential areas and industry get on well together in Bayreuth. The industrial area of St. Georgen Ost e. g. is domicile of the electricity provider Eon-Netz and of the international company Medi.

À Bayreuth, les zones résidentielles et les zones d'activité font bon ménage. La compagnie de distribution Eon-Netz a son siège dans le quartier de St-Georges Est, tout comme l'entreprise Medi dont l'activité s'étend au monde entier.

British American Tobacco

Die Produkte kennt jeder, das Unternehmen dahinter kennen nur Insider. Die British American Tobacco (BAT) Deutschland gehört zu den wichtigsten Arbeitgebern der Stadt. Die Fabrik samt Forschungszentrum ist Herzstück der BAT in Europa, stellt pro Arbeitsstunde 32 200 Zigaretten her und gibt rund 1000 Mitarbeitern einen Arbeitsplatz.

Everybody knows the products, but only insiders know the company behind them. The British American Tobacco (BAT) Germany is one of the most important employers of the city.

Si tout le monde connaît ses produits, seuls les initiés connaissent l'entreprise. La British American Tobacco (BAT) Deutschland est un des plus importants employeurs de la ville.

Der Künstler Wo Sarazen

Unermüdlich in seiner Schaffenskraft: Der Künstler Wo Sarazen polarisiert – mit seinen Werken und seinen Worten. Für einen kleinen Skandal ist dieser Mann immer gut.

Tireless in his creativity: The artist Wo Sarazen has polarized – by his works and his words. This man might cause a little scandal at any time.

Wo Sarazen est un créateur infatigable qui aime provoquer, que ce soit par ses œuvres ou par ses déclarations.

Porzellanfabrik Walküre

Bayreuth und Oberfranken waren und sind erneut das Zentrum der Porzellanproduktion. Die 1. Bayreuther Porzellanfabrik Walküre setzt sich mit Qualität und außergewöhnlichem Design gegen Mitbewerber durch.

Bayreuth and Upper Franconia were and are again the center of porcelain production. The 1. Bayreuther Porzellanfabrik Walküre succeeds with quality and exceptional design against the competitors.

Bayreuth et la Haute-Franconie sont redevenus le centre de la production de porcelaine. La première manufacture de porcelaine de Bayreuth s'impose face à ses concurrents par sa qualité et son design exceptionnel.

Wer so eine lange Tradition vorweisen kann wie die „Walküre", stellt diese selbstbewusst vor: das Porzellanmuseum unter dem Dach der Fabrik.

If one has such a long tradition as the "Walküre" company, he can exhibit it with self-confidence: the Museum of Porcelain under the roof of the works.

Une manufacture dont la tradition remonte à si loin peut se permettre d'avoir un musée de la porcelaine sous son toit.

St. Georgen

In St. Georgen wird Geschichte gelebt. Zu dieser gehört die prächtige Ordenskirche, die von 1705 bis 1711 gebaut wurde und Teil einer einheitlich geplanten Stadtanlage war.

In St. Georgen, history is still alive. Part of it is the magnificent Ordenskirche (Church of the Orders), that was built from 1705 till 1711 as a component part of a uniformly constructed city.

Saint-Georges est un lieu riche d'histoire comme le prouve cette magnifique église construite entre 1705 et 1711.

Matrosengasse

St. Georgen am See ist der historische Name für den heutigen Stadtteil St. Georgen nordöstlich der Bayreuther Innenstadt. In der Matrosengasse scheint die Zeit stehen geblieben zu sein.

St. Georgen am See (St. Georgen on Lake) is the historic name for the district actually called St. Georgen, north-east of Bayreuth downtown. The time seems to stand still in the Matrosengasse (Sailors Lane).

Saint-Georges-du-Lac est le nom historique de l'actuel quartier Saint-Georges situé au nord-est du centre-ville de Bayreuth. Dans cette ruelle, le temps semble s'être arrêté.

Rollwenzelei

Das Arbeitszimmer von Jean Paul, der viele seiner großen Dichtungen während seiner Bayreuther Zeit verfasste. Zur so genannten Rollwenzelei wanderte der Dichter und Bierliebhaber jeden Tag hinaus. Heute ist das Häuschen an der Königsallee in das Stadtgebiet integriert.

The study room of Jean Paul, who wrote much of his great literature during his time in Bayreuth. Every day, the poet and connoisseur of beer took a walk to the so-called Rollwenzelei. Meanwhile, the small house in the Königsallee is part of the city.

Le bureau du poète Jean-Paul à Bayreuth où beaucoup de ses œuvres ont vu le jour. Jean-Paul était un amateur de bière et se rendait chaque jour à la „Rollwenzelei". À cette époque, la petite maison de la Königsallee se trouvait encore à l'extérieur de la ville.

Schloss St. Johannis

Eines der am wenigsten bekannten Schlösser Bayreuths, zumindest haben nur wenige die Möglichkeit, einen Blick ins Innere des Ensembles zu werfen. Schloss St. Johannis wird von den Justizvollzugsanstalten genutzt.

One of the less known castles of Bayreuth. Only few people have the chance to catch a look inside the ensemble. The castle St. Johannis has been used as a prison.

C'est un des châteaux les moins connus de Bayreuth. Rares sont du moins ceux ayant la possibilité de jeter un coup d'œil à l'intérieur de ce complexe: le château Saint-Johannis sert de prison.

Golfplatz Bayreuth

Vom 18-Loch-Golfplatz zwischen Laineck und St. Johannis haben die Spieler einen herrlichen Blick auf Bayreuth.

From the 18-hole golf course between Laineck and St. Johannis the players have a fantastic view over Bayreuth.

Les joueurs de ce terrain de golf de 18 trous situé entre Laineck et St Johannis ont une vue magnifique sur Bayreuth.

Bei Anfängern und Fortgeschrittenen gleichermaßen beliebt: der Golfplatz Bayreuth.

Very popular with beginners and advanced players: Bayreuth's golf course.

Le terrain de golf de Bayreuth est apprécié des débutants comme des joueurs expérimentés.

Lohengrintherme

Sie ist das jüngste Aushängeschild der Stadt Bayreuth und sorgt – mit dem benachbarten Golfplatz – für regen Zustrom nach Bayreuth: Die Seele findet in der Lohengrintherme garantiert ihre Ruhe.

The thermal spa Lohengrintherme is the newest attraction of Bayreuth and it guarantees for a steady interest of tourists in the city: The soul will certainly find peace in the Lohengrintherme.

Les thermes sont, avec le terrain de golf voisin, la nouvelle attraction de la ville. Les visiteurs affluent à Bayreuth, sûrs de trouver là leur tranquillité d'âme.

Eremitage

Ein Traum, manchmal auch ein Sommernachtstraum mit Brillantfeuerwerk: Die goldene Quadriga auf dem Sonnentempel der Eremitage, die zu den bedeutendsten Parkanlagen in Deutschland gehört, erleuchtet durch die Leuchtkörper, die zu Ehren des Sommernachtsfestes abgeschossen werden.

A dream, sometimes even a summer night's dream with fireworks: The golden quadriga on top of the Hermitage's (Eremitage) Sun Temple, which is one of the most important parks of Germany, illuminated by the flares and rockets that were ignited in the honor of the Summer Night Festival.

Un spectacle de rêve, parfois aussi un songe de nuit d'été avec feu d'artifice: les fusées tirées en l'honneur de la Fête de la nuit d'été illuminent le quadrige doré qui surmonte le temple du Soleil de l'Ermitage.

Die Wasserspiele an der Oberen Grotte ziehen die Besucher des Sommernachtsfestes Jahr für Jahr in ihren Bann.

The water games near the Upper Grotto (Obere Grotte) attract the attention of the Summer Night Festival's visitors every year.

Les jets d'eau de la grotte supérieure (Obere Grotte) fascinent chaque année les visiteurs de la Fête de la nuit d'été.

Wasser (hier die Untere Grotte) ist das Leitthema des Parks, den Markgräfin Wilhelmine nach ihren Plänen um- und ausgebaut hat. Sie machte den Jagd- und Tiergarten, der später durch Markgraf Georg Wilhelm als Schauplatz seiner höfischen Eremitagenspiele genutzt wurde, zu einer der interessantesten Gartenanlagen. Zu ihrer Zeit war diese Landschaftsarchitektur in Deutschland einmalig.

Water (here: the Lower Grotto) is the main concept of the park that was reconstructed and extended by Margravine Wilhelmine according to her own plans. She turned the hunting park and zoo into one of the most interesting park grounds. Later, it was used by Margrave Georg Wilhelm as scene for the court's Hermitage games.

L'eau (ici à la grotte inférieure / Untere Grotte) est le thème conducteur du parc aménagé d'après les plans de la margravine Wilhelmine. Elle fit de ce parc de chasse et jardin d'acclimatation – qui accueillit plus tard les jeux de l'Ermitage du margrave Georg Wilhelm – un parc extrêmement intéressant.

Genießen, entspannen, zur Ruhe kommen – dafür steht die Eremitage, auch wenn bei Tausenden Besuchern pro Jahr von Einsiede lei nicht mehr zu reden ist. Allerdings hat der Lustpark samt Altem Schloss (derzeit nicht zu besichtigen) gerade auch im Winter seinen besonderen Reiz.

Enjoying, relaxing, finding quiet – this is what the Hermitage stands for, although the word hermitage is no longer suitable in view of thousands of visitors every year. However, the park including the Old Castle (that cannot be visited at present) has a particular attractiveness especially in the wintertime.

Un lieu de plaisir, de détente et de repos, voilà ce qu'est l'Ermitage même si avec ses milliers de visiteurs par an son nom n'est plus synonyme de solitude. Cependant, le parc d'agrément et l'Ancien Château, que l'on ne peut pas visiter actuellement, ont un charme particulier en hiver.

Die chinesische Pagode auf dem Schneckenberg ist eine der jüngsten Anziehungspunkte der Eremitage, sie wurde nach überlieferten Plänen rekonstruiert und nachgebaut.

The Chinese pagoda on the Schneckenberg (snail hill) is one of the newest attractions of the Hermitage: it was reconstructed and rebuilt in accordance with historic plans.

La pagode chinoise du mont Schneckenberg a été reconstruite d'après des plans d'époque et est, depuis, un des centres d'attraction de l'Ermitage.

▲ Kinder haben an den Wasser speienden Pferden und anderen fantastischen Figuren der Brunnen im Park ebenso Freude wie Erwachsene.

Children as well as adults enjoy the water spouting horses and other fantastic sculptures on the fountains in the park.

Les chevaux et autres figures fantastiques des fontaines du parc réjouissent petits et grands.

Kein Heiligtum wie das Festspielhaus, sondern eine Sehenswürdigkeit zum Erleben und Erfühlen: die Eremitage und ihr herrliches Ambiente wird auch von Einheimischen goutiert.

Not a sanctuary like the festival theatre, but an attraction to be experienced with all senses: the Hermitage and its wonderful ambiance is appreciated by Bayreuth's citizens as well.

Au contraire du théâtre du Festival, l'Ermitage n'est pas un sanctuaire mais un endroit accessible à tous et dont les habitants de Bayreuth aussi apprécient l'atmosphère.

Ein guter Platz zum Plausch: Bayerns Ministerpräsident Dr. Edmund Stoiber in der Diskussion mit dem Präsidenten der EU-Kommission, José Manuel Barroso.

A nice place to talk: Bavarian President Dr. Edmund Stoiber discussing with the President of the EU-commission, José Manuel Barroso.

Un endroit idéal pour bavarder: le Premier ministre de Bavière, Edmund Stoiber, en discussion avec José Manuel Barroso, le Président de la Commission européenne.

Schloss Fantasie

Als Schlösschen und Heim für die Tochter von Markgräfin Wilhelmine, Herzogin Elisabeth Frederike Sophie von Württemberg, erbaut, wurde Schloss Fantasie von ihr als Sommerresidenz genutzt. Heute dagegen wird in seinen Gemäuern und im herrlich hergerichteten Schlosspark durch das „Museum für Gartengeschichte und Gartenkunst" Gartengeschichte nachvollziehbar und erlebbar gemacht.

Built as a small castle and as home for the daughter Duchess Elisabeth Frederike Sophie von Wurttemberg, the castle Fantasie was used by her as a summer residence. Nowadays, however, the museum for garden history and garden art makes this garden history comprehensible and experienceable inside the castle and in its marvelously decorated park.

Le château de Fantaisie, construit pour Elisabeth Frederike Sophie de Wurtemberg, la fille de Wilhelmine, était d'abord une résidence d'été. Aujourd'hui, le château et son splendide parc abritent le musée historique du Jardin.

◀ Nach über 150 Jahren fließt das Wasser wieder die Kaskaden der Parkanlage hinunter. Das herrliche Wasserspiel wurde zwischen 2002 und 2004 wieder hergerichtet, nachdem die Kaskaden – sie wurden zwischen 1769 und 1776 im Auftrag von Herzogin Elisabeth Friederike errichtet – samt der herrlichen Figuren zuvor unter einer dicken Schicht von Erde und Grünbewuchs verborgen waren.

After more than 150 years, the water has been flowing again down the cascades in the park. The fantastic water games were re-installed between 2002 and 2004, after the cascades were hidden before under thick layers of earth and vegetation.

L'eau coule de nouveau: les magnifiques jeux d'eau du parc de Fantaisie ont été remis en état entre 2002 et 2004. Pendant 150 ans, les cascades avaient été enfouies sous une épaisse couche de terre et de verdure.

Felsengarten Sanspareil

Das Wirken der Markgräfin Wilhelmine hat sich nicht auf das Stadtgebiet beschränkt. Sie nahm sich auch in Wonsees den Felsengarten Sanspareil vor. Von der Schlossanlage sind nur noch der Morgenländische Bau, der Küchenbau und die herrliche barocke Gartenanlage erhalten. Wilhelmine wollte die Szenerie der homerischen Zauberinsel Ogygia aus dem Roman „Die Abenteuer des Tele Mach“nachempfinden.

The activities of Margravine Wilhelmine were not limited to the city district. She also took care of the rock garden Sanspareil in Wonsees. The only remainders of the castle ensemble are the Oriental Building, the kitchen house and the wonderful baroque park.

L'activité de Wilhelmine ne s'est pas limitée à la ville elle-même. La margravine s'est également occupée du jardin de rocaille de Sanspareil à Wonsees. Du château il ne reste plus que le palais Oriental, les cuisines et les magnifiques jardins baroques.

Weitere Bücher aus dem Wartberg Verlag

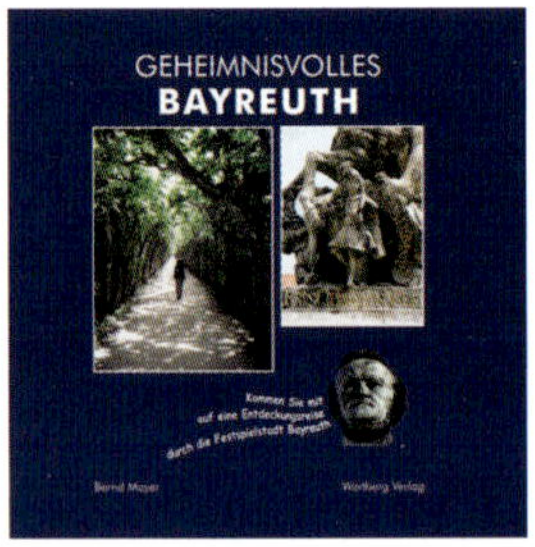

Geheimnisvolles Bayreuth
von Bernd Mayer
48 S., geb., zahlr. Farbfotos
(ISBN 3-8313-1297-4)

Bayreuth – April 1945 – Kriegs-Festspiele, Luftangriffe und der Alltag in Ruinen
von Bernd Mayer
64 S., geb., Großformat, zahlr. S/w-Fotos
(ISBN 3-8313-1463-2)

Bayreuth – Bewegte Zeiten – Die 50er Jahre
von Wolfgang Lammel und Bernd Mayer
72 S., geb., zahlr. S/w-Fotos
(ISBN 3-86134-672-9)

Aus alter Arbeitszeit
von Otto Beck
64 S., geb., Großformat, zahlr. S/w- und Farbfotos
(ISBN 3-8313-1140-4)

Fränkisches Dorfleben
von Otto Beck
64 S., geb., Großformat, zahlr. Farbfotos
(ISBN 3-8313-1309-1)

Wartberg Verlag GmbH & Co. KG
Im Wiesental 1 • 34281 Gudensberg-Gleichen
Tel.: 05603/93050 • Fax: 05603/3083 • www.wartberg-verlag.de